mon ami à moi

Corinne Dreyfuss • Maud Legrand

Pour Félix et ses amis
Anouk et Félix.

ACTES SUD JUNIOR

J'ai un ami,
avec lui je partage mon goûter.

Lui aussi, il partage.

J'ai un ami,
à deux on est plus forts.
On est moins seuls.
On n'a plus peur.

J'ai un ami,
quand son poisson rouge est mort,
il me l'a dit.

ecole

Mon ami,
à moi il me tient la main
quand ça ne va pas bien.

À mon ami je raconte mes secrets,
à mon ami je montre mes trésors.

J'ai un ami pour rire,
pour sauter dans les flaques.

J'ai un ami
pour faire la bagarre.

Ensemble, on construit des tours immenses, c'est MON ami à moi !

J'ai un ami,
mais chacun son doudou.
Je ne lui prête pas tout.

J'aime pas quand il prend
mes jouets sans demander.

– Rends-moi ça, c'est à moi !

J'aime pas quand il se fait consoler par MA maman.

Des fois, c'est plus mon copain.
Je lui dis :
– Va-t'en, pars !

Mais après j'ai du chagrin…

Lui aussi.

Quand on n'a pas d'ami,
on est un peu perdu.

Tout est trop grand.
On est trop petit.

Maman dit qu'un ami, ça reste dans le cœur toute la vie...

– Tu viens… ?

– Dis, toi, tu seras toujours mon ami ?
– Promis.

Éditorial : Laure Dufresne
Conception graphique : Guillaume Berga
 – ISBN 978-2-7427-7184-4
Loi 49-956 du 16 juillet 1949 sur les publications destinées à la jeunesse.
Reproduit et achevé d'imprimer en décembre 2007 par l'imprimerie Pollina à Luçon
pour le compte des éditions ACTES SUD, Le Méjan, Place Nina-Berberova, 13200 Arles
Dépôt légal 1re édition : février 2008 - N° imprimeur : L45421 – *Imprimé en France*